Houghton
Mifflin
Harcourt

SENDEROS

ESTÁNDARES COMUNES

Autoras del programa

Alma Flor Ada

F. Isabel Campoy

Printed in the U.S.A.

ISBN 9780544155978

1 2 3 4 5 6 7 8 9 10   0868   22 21 20 19 18 17 16 15 14 13

4500428398   A B C D E F G

Unidad 6

Lección 28

TEMA: **El clima**

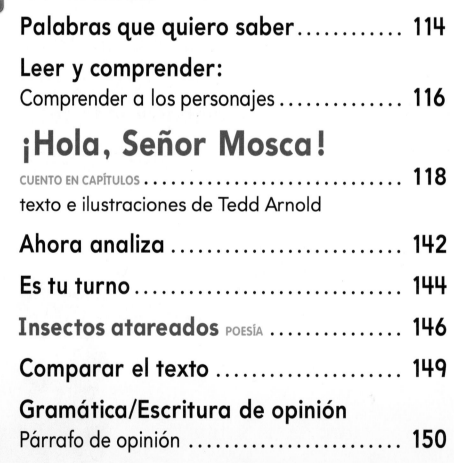

Libro
para leer

Martina: Una cucarachita muy linda
CUENTO POPULAR

por Carmen Agra Deedy

¡Hola, lector!

Piensa en todos los cuentos que has leído. ¿Cuál es tu favorito hasta ahora?

En este libro conocerás personajes que ayudan a sus amigos, trabajan mucho en la escuela y crean obras de arte maravillosas. Hasta leerás acerca de una jugadora de fútbol que quizás conozcas. Hagan lo que hagan, los personajes de estos cuentos siempre dan lo mejor de sí.

Haz tu mejor esfuerzo mientras lees. ¡Aprenderás más palabras!

Las autoras

unidad 6

Lección 26

Leamos juntos

el punto

¡Los artistas crean arte!

PETER H. REYNOLDS

✓ **PALABRAS QUE QUIERO SABER**
Palabras de uso frecuente

maestro

estudiar

sorpresa

devolver

oso

encima

inclusive

tomar

Librito de vocabulario	Tarjetas de contexto

El arte de Kamala

ESTÁNDARES COMUNES **RF.1.3f** read words with inflectional endings;
RF.1.3g recognize and read irregularly spelled words

Aprende en línea

Palabras que quiero saber

▶ Lee cada **Tarjeta de contexto**.

▶ Elije dos palabras en azul. Úsalas en oraciones.

1 **maestro**

La maestra nos enseña a pintar.

2 **estudiar**

La niña estudió bien la flor antes de pintarla.

3 sorpresa

Fue una sorpresa ver una estatua tan grande.

4 devolver

El niño devolvió las cosas que tomó prestadas.

5 oso

El dibujo del oso se ve muy natural.

6 encima

Estas figuras cuelgan muy por encima del suelo.

7 inclusive

Esta caja tiene amarillo y morado, ambos inclusive.

8 tomar

Él tomó la arcilla para hacer figuras.

Leer y comprender

Leamos juntos

Aprende en línea

☑ DESTREZA CLAVE

Comparar y contrastar Mientras lees, pregúntate en qué se parecen y en qué se diferencian las cosas. Los buenos lectores usan evidencia del texto para **comparar y contrastar** elementos como personajes, entorno o sucesos. Usa un diagrama para indicar en qué se parecen y en qué se diferencian las cosas para comprender mejor el cuento.

Los dos

☑ ESTRATEGIA CLAVE

Verificar/Aclarar Si una parte no tiene sentido, léela de nuevo, haz y responde preguntas sobre ella, y usa las ilustraciones para obtener ayuda.

ESTÁNDARES COMUNES

RL.1.1 ask and answer questions about key details; **RL.1.9** compare and contrast adventures and experiences of characters

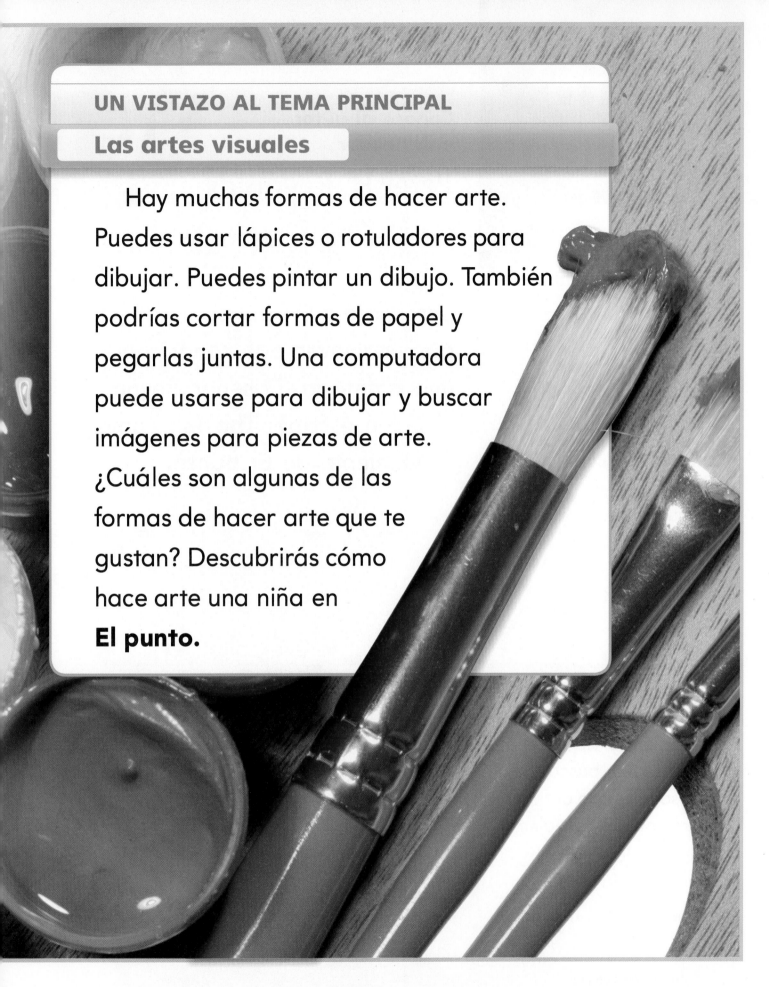

Las artes visuales

Hay muchas formas de hacer arte. Puedes usar lápices o rotuladores para dibujar. Puedes pintar un dibujo. También podrías cortar formas de papel y pegarlas juntas. Una computadora puede usarse para dibujar y buscar imágenes para piezas de arte. ¿Cuáles son algunas de las formas de hacer arte que te gustan? Descubrirás cómo hace arte una niña en **El punto.**

13

TEXTO PRINCIPAL

☑ DESTREZA CLAVE

Comparar y contrastar
Explica cómo dos cosas son iguales y diferentes.

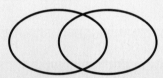

☑ GÉNERO

La **ficción realista** es una historia que podría suceder en la vida real. Mientras lees, busca:

▸ personajes que actúan como personas reales,

▸ sucesos que podrían ocurrir en la vida real.

ESTÁNDARES COMUNES
RL.1.4 identify words and phrases that suggest feelings or appeal to senses; **RL.1.9** compare and contrast adventures and experiences of characters; **RL.1.10** read prose and poetry

Conoce al autor e ilustrador

Peter H. Reynolds

Peter H. Reynolds tardó un año y medio en escribir **El punto.** Su personaje principal se llama Vashti por una joven que conoció en una cafetería. El señor Reynolds también escribió **The Ish** como seguimiento de **El punto.**

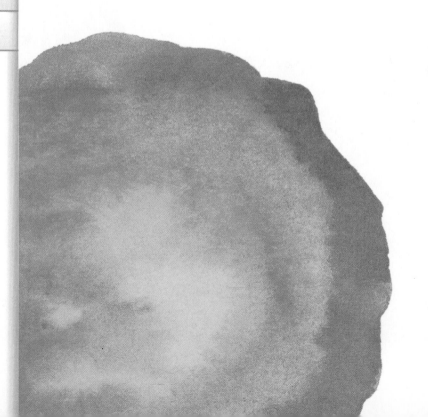

el punto

por Peter H. Reynolds

La clase de arte había terminado, pero Vashti se había quedado pegada a su asiento. Su hoja estaba en blanco.

ANALIZAR EL TEXTO

Lenguaje figurado

¿Qué significa estar "pegado a su asiento"?

16

La maestra se inclinó sobre la hoja en blanco.

—¡Ah! Un oso polar en una tormenta de nieve —dijo.

—¡Muy divertido! —contestó Vashti—. ¡NO sé dibujar!

La maestra sonrió.

—Haz solo una marca y mira adónde te lleva.

Vashti dejó su marca hundiendo el lápiz
en el papel de un solo golpe.

—¡Ya está!

La maestra tomó la hoja y la
estudió atentamente.

—Umm...

Le devolvió la hoja a Vashti y
tranquilamente dijo:
—Ahora, fírmalo.

Vashti pensó por un momento:

"Bueno, quizá no sepa dibujar, pero sí SÉ escribir mi nombre".

A la semana siguiente, cuando
Vashti entró en la clase de arte,
se llevó una sorpresa al ver lo
que colgaba
por encima de la mesa de su
maestra.

Era el punto.

¡Había enmarcado SU PUNTO!
¡En un marco dorado!

—Umm...

¡Puedo hacer un punto mejor que ESE!

Abrió su caja de colores,
nunca antes estrenada,
y se puso a trabajar.

Vashti pintó y pintó.
Un punto rojo. Un punto violeta.
Un punto amarillo. Un punto azul...

Mezclando el azul con el amarillo
descubrió que podía pintar
un punto VERDE.

Vashti siguió experimentando.
Hizo un montón de puntos de
muchos colores.

—Si puedo hacer puntos pequeños,
también puedo hacer puntos GRANDES.

Vashti esparció los colores
con un pincel más grande,
en un papel más grande
y pintó puntos más grandes.

Llegó inclusive a hacer un punto
SIN pintar un punto.

Unas semanas después, en la exposición
de la Escuela de Arte, los puntos de
Vashti causaron sensación.

ANALIZAR EL TEXTO

Comparar y contrastar ¿Ha cambiado la opinión de Vashti acerca de su punto? Explícalo.

A Vashti se le acercó un niño pequeño
que le dijo, con admiración:

—Eres una gran artista. Cómo me gustaría
pintar como tú.

—Seguro que sabes —le contestó Vashti.

—¿YO? No, yo no. No sé trazar ni
una línea recta con una regla.

Vashti sonrió.

Le acercó al niño una hoja de
papel en blanco.
—A ver... —le dijo.

El lápiz del niño temblaba
mientras trazaba su línea.

Vashti miró atentamente el garabato del niño. Luego le dijo:

—Y ahora... fírmalo por favor.

Ahora analiza

Cómo analizar el texto

Usa estas páginas para aprender acerca de comparar y contrastar y el lenguaje figurado. Después vuelve a leer **El punto**.

Comparar y contrastar

Cuando **comparas** y **contrastas**, dices en qué se parecen y en qué se diferencian las cosas.

Piensa cómo es Vashti al comienzo de **El punto**. Ella cambia al final del cuento. Usa un diagrama para indicar cómo es al comienzo y al final. Di también qué cosas siguen igual durante todo el cuento.

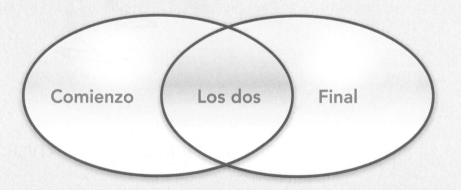

Comienzo — Los dos — Final

RL.1.3 describe characters, settings, and major events; **RL.1.4** identify words and phrases that suggest feelings or appeal to senses; **RL.1.9** compare and contrast adventures and experiences of characters

Lenguaje figurado

A veces los autores usan palabras que tienen más de un significado. En **El punto**, el autor escribe que los dibujos con puntos de Vashti **causan sensación** en la exposición. El autor no quiere decir que los cuadros provocan sensaciones. Lo que intenta decir es que los cuadros eran impresionantes. ¿Cuáles otras palabras tienen más de un significado en este cuento?

Leamos juntos

Es tu turno

mi
Escritura genial

REPASAR LA PREGUNTA ESENCIAL

Turnarse y comentar

¿Cuáles son las diferentes formas de hacer arte? Piensa cómo hace Vashti sus obras de arte. ¿Cómo crees que hará arte el niño pequeño que aparece al final del cuento? ¿De qué otras formas podrían crear arte?

Comentar en la clase

Conversa sobre estas preguntas con tu clase.

1 ¿Cómo ayuda la profesora a Vashti?

2 ¿En qué se parecen las pinturas de Vashti? ¿En qué se diferencian?

3 ¿En qué se parecen Vashti y el niño pequeño?

Respuesta Escoge una de las piezas de arte de Vashti. ¿Qué colores y formas ves en ella? ¿Cómo la hizo? Explica tus ideas a un compañero. Después escribe oraciones para describir su obra de arte. Usa evidencia del texto para explicar tus ideas.

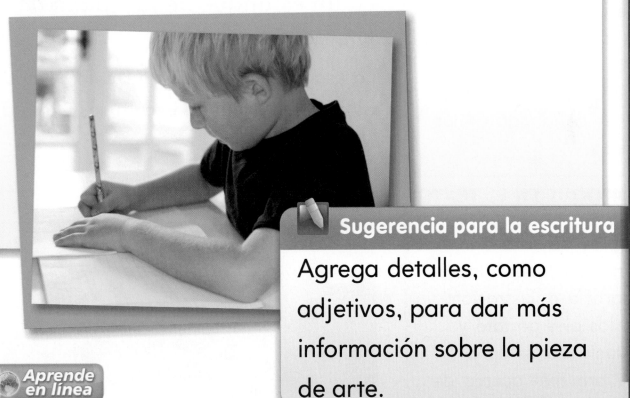

Sugerencia para la escritura

Agrega detalles, como adjetivos, para dar más información sobre la pieza de arte.

Aprende en línea

ESTÁNDARES COMUNES **RL.1.1** ask and answer questions about key details; **RL.1.9** compare and contrast adventures and experiences of characters; **W.1.5** focus on a topic, respond to questions/suggestions from peers, and add details to strengthen writing; **SL.1.4** describe people, places, things, and events with details/express ideas and feelings clearly

BIOGRAFÍA

Leamos juntos

¡Los artistas crean arte!

✓ GÉNERO

Una **biografía** narra los sucesos de la vida de una persona. Esta lectura trata sobre más de un artista. Encuentra datos acerca de la vida de los artistas.

✓ ENFOQUE EN EL TEXTO

Los **pies de foto** dan más información sobre una fotografía o ilustración. Usa los pies de foto y las ilustraciones para descubrir más acerca de las piezas de arte.

ESTÁNDARES COMUNES **RI.1.5** know and use text features to locate facts or information; **RI.1.10** read informational texts

¡Los artistas crean arte!

por Anne Rogers

Los artistas crean arte. Algunos artistas pintan. Otros construyen cosas.

David Wynne hizo este oso gris. Se encuentra encima de una piedra en un estanque de la ciudad de Nueva York.

La escultura *Oso gris* de David Wynne está en el Jardín de Esculturas Donald M. Kendall.

Aprende en línea

Figuras sentadas, Estudio de "Tarde de domingo en la isla Grande Jatte", por Georges Seurat.

Georges Seurat fue a una academia de bellas artes en Francia. Mira esta pintura que él hizo. Si la estudias, verás que está hecha con muchos puntos de color. ¿Te causó sorpresa?

Tressa "abuela" Prisbrey hacía sus obras de arte con botellas de vidrio. Aprendió a hacerlas por sí misma. No tuvo una maestra.

La abuela Prisbrey hizo el pozo de los deseos que ves abajo. Inclusive hizo un edificio para que sus nietos jugaran.

pozo de los deseos

Ahora devuélvete hacia la ventana. Imagínate que tomas un pincel y pintas el cielo. ¿Cómo sería tu cuadro?

Comparar el texto

Leamos juntos

DE TEXTO A TEXTO

Comparar obras de arte ¿En qué se parecen las obras de arte de las dos lecturas? ¿Qué artista de **Los artistas crean arte** crees que le gustaría a Vashti? Explica por qué.

EL TEXTO Y TÚ

Hablar de los sentimientos ¿Cómo te sientes cuando te esfuerzas todo lo posible para lograr algo? Por turnos, compara tus ideas con un compañero.

EL TEXTO Y EL MUNDO

Hablar sobre arte ¿Dónde has visto obras de arte? ¿Las viste en la escuela, en tu casa o en tu ciudad? Explica lo que viste.

Aprende en línea

ESTÁNDARES COMUNES

RL.1.1 ask and answer questions about key details; **RL.1.3** describe characters, settings, and major events; **RI.1.1** ask and answer questions about key details; **RI.1.9** identify similarities in and differences between texts on the same topic; **SL.1.1a** follow rules for discussions

Gramática

 Leamos juntos

 Aprende en línea

Exclamaciones Una oración que indica una emoción fuerte es una **exclamación**. Una exclamación comienza con mayúscula y lleva signos de exclamación al comienzo y al final.

¡Eres una gran artista!

¡Qué cuadro tan bello!

¡La clase de arte es divertidísima!

Escribe cada exclamación correctamente. Usa una hoja de papel aparte.

1. habrá una gran exposición de arte en mi escuela

2. será una gran exposición

3. nos divertiremos muchísimo

4. el dibujo de Ramón es fantástico

5. es el mejor dibujo de toda la exposición

 La gramática al escribir

Cuando revises tu escrito, trata de usar algunas exclamaciones para que sea más animado. Recuerda utilizar correctamente los signos de exclamación.

W.1.1 write opinion pieces; **W.1.5** focus on a topic, respond to questions/suggestions from peers, and add details to strengthen writing; **L.1.1j** produce and expand simple and compound declarative, interrogative, imperative, and exclamatory sentences; **L.1.2b** use end punctuation for sentences

Escritura de opinión

 Voz Cuando escribes oraciones de opinión, puedes ayudar a los lectores a oír tu voz. Usa exclamaciones para demostrar tus emociones fuertes.

Jill escribió una opinión sobre Vashti. Luego cambió una oración a una exclamación.

Borrador revisado

realmente

¡Creo que Vashti es una gran artista!

Lista de control de la escritura

Voz ¿Usé exclamaciones para demostrar mis emociones fuertes?

✓ ¿Hay oraciones que no ayudan a explicar mi opinión? ¿Las borré?

✓ ¿Usé los signos al principio y final correctamente?

44

En la versión final de Jill, ¿cómo demuestra que su opinión expresa una emoción fuerte? Ahora corrige tu escritura usando la lista de control de la escritura.

Versión final

Una gran artista

¡Creo que Vashti es realmente una gran artista!

Una razón es que ella piensa en muchas maneras de pintar puntos.

Otra razón es que sus pinturas son muy coloridas.

Me gustaría pintar como Vashti.

Leamos juntos

Palabras que quiero saber

▶ Lee cada **Tarjeta de contexto.**

▶ Crea una nueva oración en la que uses una de las palabras en azul.

diferente

cerca

bastante

historia

alto

siempre

cuando

contento

Librito de vocabulario

Tarjetas de contexto

RF.1.3g recognize and read irregularly spelled words

ESTÁNDARES COMUNES

Aprende en línea

1 **diferente**

A los niños les gusta ayudar de diferentes formas.

2 **cerca**

La niña ayuda a sembrar flores cerca del porche.

3 bastante

Hay bastante pintura para todos.

4 historia

¡Qué historia tan divertida!

5 alto

Puedo impulsarme muy alto en el columpio.

6 siempre

Ella siempre ayuda a su hermanito.

7 cuando

Los niños lavan los platos cuando terminan de comer.

8 contento

Todos estamos contentos cuando bañamos a mi perrito.

Leer y comprender

☑ DESTREZA CLAVE

Propósito del autor Los autores pueden escribir para hacerte reír o dar información. La razón por la que escribe un autor se llama **propósito del autor.** Mientras lees, usa los detalles importantes para descubrir qué quiere que aprendas el autor. Haz una lista de los detalles en una tabla.

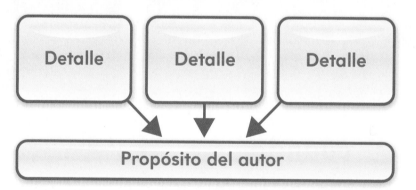

☑ ESTRATEGIA CLAVE

Analizar/Evaluar Di lo que opinas y tus sentimientos acerca de la lectura. Usa evidencia del texto para explicar por qué.

 RI.1.8 identify the reasons an author gives to support points

Esforzarse

Aprender algunas cosas nuevas a veces exige un gran esfuerzo. Aprender a andar en bicicleta requiere práctica. Aprender a chasquear los dedos también. No muchas personas que lo intentan lo consiguen a la primera. ¿Qué aprendiste a hacer después de intentarlo muchas veces?

En **¿Qué puedes hacer?** descubrirás qué pueden hacer varios niños. Descubre cómo aprenden cosas nuevas.

49

TEXTO PRINCIPAL

¿QUÉ PUEDES HACER?
UN LIBRO PARA DESCUBRIR LO QUE HACES BIEN
POR SHELLEY ROTNER Y SHEILA KELLY, ED.D.
FOTOGRAFÍAS DE SHELLEY ROTNER

☑ DESTREZA CLAVE

Propósito del autor
Encuentra los detalles que usa el autor para explicar el tema.

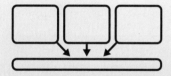

☑ GÉNERO

Un **texto informativo** da datos sobre un tema. Mientras lees, busca:
- información y datos en las palabras,
- fotografías que muestran el mundo real.

ESTÁNDARES COMUNES **RI.1.4** ask and answer questions to determine or clarify the meaning of words and phrases; **RI.1.8** identify the reasons an author gives to support points; **RI.1.10** read informational texts; **L.1.4a** use sentence-level context as a clue to the meaning of a word or phrase

Aprende en línea

Conoce a la autora y fotógrafa

Shelley Rotner

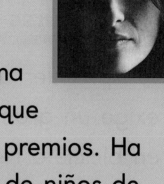

Shelley Rotner es una autora y fotógrafa que ha ganado muchos premios. Ha tomado fotografías de niños de todo el mundo.

Conoce a la autora

Sheila M. Kelly

¡Qué equipo! Juntas, Sheila M. Kelly y Shelley Rotner han escrito libros sobre mamás, papás y abuelos. En este libro, las dos autoras demuestran que todos tenemos talentos especiales.

¿Qué puedes hacer?

UN LIBRO PARA DESCUBRIR LO QUE HACES BIEN

POR SHELLEY ROTNER Y SHEILA KELLY, ED.D.

FOTOGRAFÍAS DE SHELLEY ROTNER

"Conozco un niño
que dibuja muy bien,
y una niña que
trepa muy alto".

"Todos somos buenos en algo.
A medida que crecemos, siempre
aprendemos cosas nuevas".

ANALIZAR EL TEXTO

Propósito del autor ¿Por qué crees que
las autoras escribieron esta lectura? ¿Qué
detalles te ayudan a saberlo?

"Me gusta nadar y
aprendí a flotar.
Pero tuve que practicar.
Cuando ya aprendí,
¡sentía que podía flotar por horas!".

"Mi hermanito es muy bueno con los esquís. Puede esquiar mucho más rápido que yo".

Nos sentimos contentos cuando
hacemos algo bien,
no importa lo que sea.

57

"Se me hace fácil leer, pero
las matemáticas se me hacen más difíciles.
Me gustaría mejorar en matemáticas".

"Todavía no leo muy bien.
Me gustaría hacerlo mejor".

Ser bueno en algo puede
tomar mucho tiempo. Pero con la
práctica, las cosas se vuelven
más y más fáciles.

I can Spell

words with three letters

How to use *I Can Spell*

It's simple!

• Choose a picture from the 75 colorful illustrations.

• Flip through the letter cards until you have spelled the word.

• Flip over the picture card to see if you have spelled the word correctly. Under each spelling, there is also a simple definition to read.

Helpful tips:

Children can either choose pictures at random or work through the book in order—columns 1, 2, and 3. Here are a few ideas you may find useful when using

• Discuss the illustrations on the picture cards.
• Use the illustrations to ask other questions, too. For example, you could ask, "What noise does a cat make?," "What shape is in the box?," "Can you find an animal that can fly?"
• Use the book with children who are not quite ready to spell whole words, but who can pick out first letters
• Look inside the back cover for some tips on how to help a child build sentences
• Remember—always let the child go at his or her own pace and offer encouragement

m a p

Marie sabe deletrear y Jill escribe bien. Gene es muy bueno en todo lo relacionado con las computadoras.

"Aún no he
descubierto en qué
soy bueno".

61

Nathan escribe historias divertidas
sobre las ciencias.
¡Algunas de las más divertidas
tratan de un robot bebé!
A Beth le gusta construir. La torre más alta que
ha construido, ¡era más alta que ella!

"Este año estoy en el equipo de fútbol.
Espero jugar bastante bien y anotar un gol.
Veo muchas cosas en el parque. Miro de cerca y
a lo lejos. ¡Las cosas se ven mucho más cercanas
con mis binoculares!".

A todos nos gusta hacer lo que
hacemos mejor. Cuando algo es difícil,
necesitamos ayuda para aprender.
Podemos decir: "No lo entiendo".

Todos somos buenos en cosas diferentes.

"Ahora yo le doy la comida a la bebé.
Cuando crezca, no va a necesitar ayuda".

"Puedo reparar el carrito de mi hermano. Soy menor que él, pero soy bueno para reparar cosas".

66

"Le quité las ruedas de apoyo a mi bici antes de lo esperado. ¡Estoy orgullosa!".

"Mis compañeros me nombraron capitán del equipo. Ese fue uno de los días más felices de mi vida".

ANALIZAR EL TEXTO

Usar el contexto ¿Qué significa ser el capitán de un equipo? ¿Qué claves te ayudan a saberlo?

Hay muchas actividades: actuación, canto, baile, jugar juegos o ¡hacer deporte!
Todos tenemos algo que sabemos hacer bien.

Y tú, ¿qué sabes hacer?

Ahora analiza

Leamos juntos

Cómo analizar el texto

Usa estas páginas para aprender acerca del propósito del autor y usar el contexto. Después vuelve a leer **¿Qué puedes hacer?**

Propósito del autor

Los autores escriben por diferentes motivos. En **¿Qué puedes hacer?**, las autoras dan información. ¿Por qué crees que escribieron las autoras esta lectura? ¿Qué querían que aprendieras? Busca detalles y evidencia del texto en la lectura que te ayuden a explicar el tema. Puedes usar una tabla para hacer una lista de los detalles y propósitos del autor.

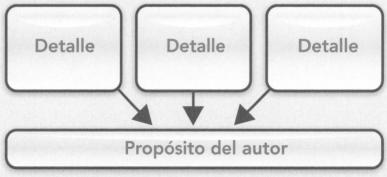

Detalle	Detalle	Detalle

Propósito del autor

RI.1.4 ask and answer questions to determine or clarify the meaning of words and phrases; **RI.1.8** identify the reasons an author gives to support points; **L.1.4a** use sentence-level context as a clue to the meaning of a word or phrase

ESTÁNDARES COMUNES

Aprende en línea

Usar el contexto

Cuando no sabes lo que significa una palabra, lee la oración de nuevo. Haz y responde preguntas.

- ¿Qué claves encuentro en las palabras?
- ¿Qué claves puedo ver en las ilustraciones?

En la lectura, una niña aprende a **flotar**. Puedes usar la palabra **nadar** y la ilustración de la niña en el agua para descubrir que **flotar** significa "mantenerse en la superficie del agua".

Es tu turno

REPASAR LA PREGUNTA ESENCIAL

Turnarse y comentar

¿Por qué es importante esforzarse al máximo? Túrnate con un compañero. Expliquen cuáles de las actividades de las fotografías y palabras de **¿Qué puedo hacer?** aprendieron después de esforzarse. Agrega tus ideas a lo que diga tu compañero.

💬 Comentar en la clase

Conversa sobre estas preguntas con tu clase.

1 ¿Qué pueden hacer los niños de la lectura?

2 ¿Cómo aprendieron los niños a hacer cosas nuevas?

3 ¿Qué cosas de la lectura te gustaría aprender a hacer? ¿Cómo comenzarías?

ESCRIBE SOBRE LO QUE LEÍSTE

Respuesta Escribe acerca de alguna vez que aprendiste a hacer algo nuevo. Explica qué aprendiste y cómo lo aprendiste. ¿Cómo te sentiste cuando viste que podías hacerlo? Haz un dibujo para acompañar tus oraciones.

Sugerencia para la escritura

Usa palabras que hablen de los sentimientos para que tus oraciones sean más claras.

Aprende en línea

COMMON CORE

RI.1.1 ask and answer questions about key details; **RI.1.7** use illustrations and details to describe key ideas; **W.1.2** write informative/explanatory texts; **W.1.8** recall information from experiences or gather information from sources to answer a question; **SL.1.1b** build on others' talk in conversations by responding to others' comments

FÁBULA

Leamos juntos

Viento y Sol

una fábula de Esopo

Reparto

 Narrador

 Viento

 Sol

 Viajero

☑ **GÉNERO**

Una **fábula** es un cuento breve en el que un personaje aprende una lección.

☑ **ENFOQUE EN EL TEXTO**

En una fábula, un personaje aprende una **lección del cuento**. Esta lección a veces se llama moraleja. ¿Qué lección puedes aprender de esta fábula?

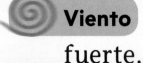 **Narrador** A veces los cuentos nos enseñan una lección. En esta historia, Viento y Sol tienen opiniones diferentes sobre quién es más fuerte.

Viento Yo soy más fuerte.

ESTÁNDARES COMUNES **RL.1.2** retell stories and demonstrate understanding of the message or lesson; **RL.1.10** read prose and poetry

  **Aprende en línea**

Sol No, yo soy más fuerte.

Viento Ya me provocaste bastante. Vamos a hacer un concurso. Sé que yo voy a ganar.

Sol Me sentiré muy contento de participar.

Viento Muy bien. Veo que viene cerca un viajero. Quien logre que el viajero se quite el abrigo es el más fuerte.

Narrador Primero Viento comenzó a soplar. Cuando empezó, no paró.

Viajero Qué viento tan frío. Voy a cerrarme bien el abrigo.

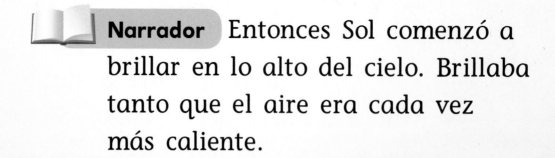

Narrador Entonces Sol comenzó a brillar en lo alto del cielo. Brillaba tanto que el aire era cada vez más caliente.

Viajero Ahora tengo demasiado calor. Me voy a quitar el abrigo.

Narrador Esta es la moraleja: "Siempre es mejor ser amable que usar la fuerza".

Comparar el texto

Leamos juntos

DE TEXTO A TEXTO

Comparar personajes Conversa en un grupo. ¿En qué se parece Viento y Sol a los niños de **¿Qué puedo hacer?**

EL TEXTO Y TÚ

Escribir sobre ti Escribe oraciones que digan lo que sabes hacer mejor. Usa adjetivos para describir lo que haces. Haz un dibujo para mostrar lo que quieres decir.

EL TEXTO Y EL MUNDO

Conectar con los Estudios Sociales Piensa en una persona que conozcas que se esfuerza mucho. Escribe sobre cómo esa persona da lo mejor de sí misma.

Aprende en línea

ESTÁNDARES COMUNES

RI.1.9 identify similarities in and differences between texts on the same topic; **W.1.2** write informative/explanatory texts; **L.1.1f** use frequently occurring adjectives; **L.1.1j** produce and expand simple and compound declarative, interrogative, imperative, and exclamatory sentences

Gramática

Clases de oraciones Cada clase de oración tiene una función diferente. Todas las oraciones empiezan con una letra mayúscula, pero tienen signos diferentes.

Un **enunciado** afirma algo.
Ella está en una obra.

Una **pregunta** interroga sobre algo. Empieza y termina con un signo de interrogación.
¿Te gustaría actuar?

Una **exclamación** expresa una emoción fuerte. Empieza y termina con un signo de exclamación.
¡A mí me encanta actuar!

Una **orden** indica a alguien que haga algo.
Guarda silencio durante la obra.

Lee cada oración en alto. Escribe cada oración correctamente en una hoja de papel aparte.

1. qué alto escala Emma

2. cómo aprendió Jamal a esquiar

3. construye cosas mi amigo

4. esfuérzate todo lo que puedas

Escribe estas oraciones compuestas. Agrega palabras para dar más información.

5. Pon pintura ____ en el pincel y haz un dibujo de ____.

6. ¡Corre ____ y salta ____!

 La gramática al escribir

Cuando revises tu escrito, trata de usar diferentes clases de oraciones para que lo que escribes sea interesante.

ESTÁNDARES COMUNES **W.1.1** write opinion pieces; **W.1.5** focus on a topic, respond to questions/suggestions from peers, and add details to strengthen writing; **L.1.1g** use frequently occurring conjunctions; **L.1.2d** use conventional spelling for words with common spelling patterns and for frequently occurring irregular words; **L.1.6** use words and phrases acquired through conversations, reading and being read to, and responding to texts

Escritura de opinión

✓ **Fluidez de las oraciones** Las buenas **oraciones de opinión** dan razones. A veces puedes explicar una razón usando la palabra **porque**.

Leamos juntos

mi Escritura genial

Aprende en línea

Raúl escribió una opinión sobre el esquí. Luego agregó palabras para explicar su primera razón.

Borrador revisado

porque puedes ir rápido
Es emocionante.
^

Lista de control de la escritura

✓ **Fluidez de las oraciones** ¿Usé la palabra **porque** para explicar una razón?

✓ Mi oración temática, ¿expresa mi opinión?

✓ ¿Repetí mi idea principal al final de mi texto?

✓ ¿Revisé mi ortografía con un diccionario?

80

¿Qué palabras usa Raúl para explicar por qué es emocionante esquiar? Ahora usa la lista de control de la escritura para revisar tus oraciones.

Versión final

Diversión sobre esquíes

¡Esquiar es tan divertido!

Es emocionante porque puedes ir rápido.

También me gusta saltar sobre grandes pilas de nieve.

Estoy muy contento por haber aprendido a esquiar.

Leamos juntos

La cometa
por Arnold Lobel

Medir el tiempo atmosférico

✓ **PALABRAS QUE QUIERO SABER**
Palabras de uso frecuente

segundo
bola
correr
cabeza
oír
grande
gritar
deber

Librito de vocabulario

Tarjetas de contexto

ESTÁNDARES COMUNES

RF.1.3g recognize and read irregularly spelled words

Aprende en línea

Palabras que quiero saber

▶ Lee las Tarjetas de contexto.

▶ Haz una pregunta en la que uses una de las palabras en azul.

1 **segundo**

El niño se ata el segundo zapato.

2 **bola**

Practicó hasta que le pegó bien a la bola.

3 correr

El niño corrió hasta la meta.

4 cabeza

Metió un gol de cabeza.

5 oír

En el teatro se oyó un fuerte aplauso.

6 grande

Con mi bicicleta grande subo fácilmente la colina.

7 gritar

—¡Hurra! ¡Sí podemos! —gritó la niña.

8 deber

Deberíamos ensayar más con el violín.

La cometa

por Arnold Lobel

Leer y comprender

 Leamos juntos

 Aprende en línea

☑ **DESTREZA CLAVE**

Estructura del cuento Un cuento tiene diferentes partes. Los **personajes** son las personas y los animales del cuento. El **entorno** es cuándo y dónde tiene lugar el cuento. La **trama** dice acerca del problema que tienen los personajes y cómo lo resolverán. Usa un mapa de la historia para contar acerca de los personajes, el entorno y la trama.

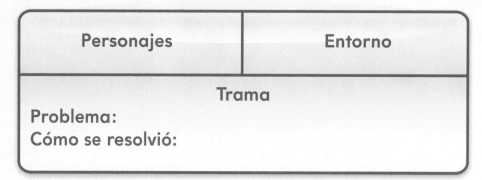

Personajes	Entorno
Trama	
Problema: Cómo se resolvió:	

☑ **ESTRATEGIA CLAVE**

Inferir/Predecir Usa evidencia del texto para descubrir más sobre el cuento y pensar qué puede ocurrir después.

 ESTÁNDARES COMUNES

RL.1.3 describe characters, settings, and major events; **RL.1.7** use illustrations and details to describe characters, setting, or events

El tiempo atmosférico puede causar problemas. Las tormentas pueden dañar las casas. Si llueve mucho puede haber inundaciones.

El tiempo también nos puede ayudar. La lluvia ayuda a que crezcan las cosechas. El viento nos ayuda a volar las cometas. ¿De qué otras formas nos puede ayudar el tiempo? Descubrirás cómo el viento ayuda a Sapo y Sepo en **La cometa.**

TEXTO PRINCIPAL

La cometa

por Arnold Lobel

✓ **DESTREZA CLAVE**

Estructura del cuento

Identifica los personajes, el entorno y la trama de un cuento.

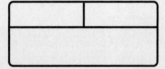

✓ **GÉNERO**

Una **fantasía** es un cuento que no podría suceder en la vida real. Mientas lees, busca:

▶ sucesos que no podrían suceder en el vida real,

▶ animales que hablan y actúan como personas.

ESTÁNDARES COMUNES **RL.1.3** describe characters, settings, and major events; **RL.1.5** explain major differences between story books and informational books; **RL.1.10** read prose and poetry

Aprende en línea

Conoce al autor e ilustrador

Arnold Lobel

Arnold Lobel dibujó muchos animales antes de inventar a los personajes de Sapo y Sepo. Cuando iba de vacaciones con su familia a Vermont, el Sr. Lobel observaba a sus hijos jugar con las ranas y los sapos. Estos personajes no tardaron en aparecer en sus libros.

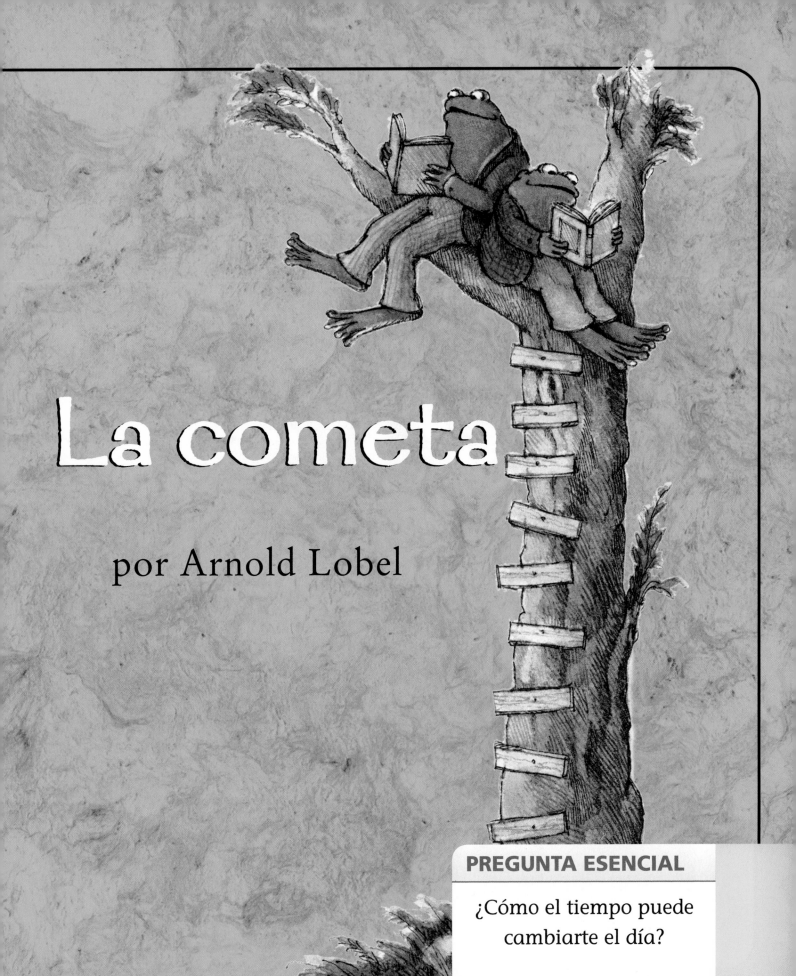

La cometa

por Arnold Lobel

PREGUNTA ESENCIAL

¿Cómo el tiempo puede cambiarte el día?

La
cometa

88

Sapo y Sepo salieron a
volar una cometa.
Fueron a un prado grande
donde soplaba un
fuerte viento.

—Nuestra cometa volará
bien alto —dijo Sapo—.
Subirá volando sin parar
hasta lo alto del cielo.

—Sepo —dijo Sapo—, yo
agarro la bola de cuerda.
Agarra tú la cometa y corre.

Sepo corrió por el prado.

Corrió todo lo que le permitieron
sus cortas piernas.

La cometa se elevó en el aire.

Cayó al suelo con un golpe.

Sepo oyó risas.

Tres petirrojos estaban sentados
en un arbusto.

—Esa cometa no volará —dijeron los petirrojos—. Puedes darte por vencido.

Sepo volvió corriendo junto a Sapo.

—Sapo —dijo Sepo—, esta cometa no volará. Me doy por vencido.

ANALIZAR EL TEXTO

Estructura del cuento ¿Qué problema tienen Sapo y Sepo?

91

—Debemos hacer un segundo intento —dijo Sapo—. Agita la cometa sobre tu cabeza. Quizás eso la haga volar.

Sepo volvió a correr por el prado.
Agitó la cometa sobre su cabeza.

La cometa se elevó en el aire y
luego cayó con un ruido sordo.
—¡Qué risa! —dijeron los
petirrojos—. Esa cometa nunca
despegará del suelo.

Sepo volvió corriendo junto a Sapo.

—Esta cometa da risa —dijo—.
Nunca despegará del suelo.

—Tenemos que hacer un tercer
intento —dijo Sapo—. Agita la
cometa sobre tu cabeza y ve dando
saltos. Quizás eso la haga volar.

Sepo corrió otra vez por el prado.
Agitó la cometa sobre su cabeza. Fue
dando saltos. La cometa se elevó en el
aire y se estrelló contra la hierba.

—Esa cometa es una porquería —dijeron los petirrojos—. Tírala y vete a tu casa.

Sepo volvió corriendo junto a Sapo.

—Esta cometa es una porquería —dijo—. Creo que deberíamos tirarla e irnos a casa.

—Sepo —dijo Sapo—, nos falta un intento más. Agita la cometa sobre tu cabeza. Ve dando saltos y grita: "ARRIBA, COMETA, ARRIBA".

Sepo corrió por el prado. Agitó la cometa sobre su cabeza. Fue dando saltos. Gritó: "¡ARRIBA, COMETA, ARRIBA!".

La cometa voló por el aire.

Subió cada vez más alto.

—¡Lo conseguimos! —gritó Sepo.

—Sí —dijo Sapo—.
Si intentarlo corriendo
no daba resultado,
e intentarlo corriendo
y agitándola
no daba resultado,
e intentarlo corriendo,
agitándola y saltando
no daba resultado,
sabía que intentarlo corriendo,
agitándola, saltando y gritando
tenía que dar resultado.

ANALIZAR EL TEXTO

Género: Fantasía ¿En qué se diferencia este cuento de **¿Qué puedes hacer?**

Los petirrojos se marcharon
del arbusto volando.
Pero no pudieron volar tan
alto como la cometa.
Sapo y Sepo se sentaron y
contemplaron la cometa.
Parecía que subía volando
hasta lo alto del cielo.

Ahora analiza

Cómo analizar el texto

Usa estas páginas para aprender acerca de la estructura del cuento y la fantasía. Después vuelve a leer **La cometa.**

Estructura del cuento

Los **personajes** son las personas y los animales de un cuento. El **entorno** es dónde y cuándo tiene lugar el cuento. ¿Dónde trataron de volar su cometa Sapo y Sepo? ¿Es de día o de noche? La **trama** son los sucesos importantes del cuento. Piensa en el problema de Sapo y Sepo. ¿Cómo lo resuelven? Usa un mapa del cuento para enumerar las partes del cuento.

Personajes	Entorno
Trama	
Problema:	
Cómo se resolvió:	

Aprende en línea

Género: Fantasía

Piensa en las personas de **¿Qué puedes hacer?** de la lección 27. ¿En qué se diferencian de los personajes de **La cometa**?

La cometa es una **fantasía**. Los sucesos del cuento no podrían ocurrir en la vida real. En este cuento, Sapo y Sepo hablan entre ellos y hacen las mismas cosas que las personas. ¿Cómo actúan realmente una rana y un sapo?

Es tu turno

mi
Escritura genial

REPASAR LA PREGUNTA ESENCIAL

Turnarse y comentar

¿Cómo el tiempo puede cambiarte el día? ¿En qué cambió el tiempo el día de Sapo y Sepo? ¿Por qué es importante el entorno para lo que sucede? Describe el entorno usando evidencia del texto, como palabras e ilustraciones.

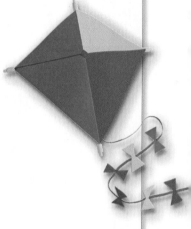

Comentar en la clase

Conversa sobre estas preguntas con tu clase.

1. ¿Cómo actúan los petirrojos con Sapo y Sepo?

2. ¿Qué hacen Sapo y Sepo para tratar de volar la cometa?

3. ¿Qué hace que vuele la cometa realmente?

ESCRIBE SOBRE LO QUE LEÍSTE

Respuesta Escribe oraciones para describir en qué se parecen y en qué se diferencian Sapo y Sepo. Usa las palabras y las ilustraciones del cuento para sacar ideas.

Sugerencia para la escritura

Puedes usar la palabra **como** para decir en qué se parecen las cosas. Usa **no** y **pero** para decir en qué se diferencian las cosas.

Aprende en línea

ESTÁNDARES COMUNES **RL.1.3** describe characters, settings, and major events; **RL.1.7** use illustrations and details to describe characters, setting, or events; **W.1.5** focus on a topic, respond to questions/suggestions from peers, and add details to strengthen writing; **SL.1.4** describe people, places, things, and events with details/express ideas and feelings clearly; **L.1.1g** use frequently occurring conjunctions

TEXTO INFORMATIVO

Leamos juntos

Medir el tiempo atmosférico

✓ GÉNERO

Un **texto informativo** da datos sobre un tema. Encuentra datos sobre el tiempo en este artículo.

✓ ENFOQUE EN EL TEXTO

Una **gráfica** es un dibujo que usa números, colores, ilustraciones o símbolos para dar información. ¿Qué muestra la gráfica de la página 108?

ESTÁNDARES COMUNES

RI.1.5 know and use text features to locate facts or information; **RI.1.10** read informational texts

Aprende en línea

Medir el tiempo atmosférico

Hay muchos instrumentos para medir el tiempo atmosférico.

¿Alguna vez oíste hablar de una manga de aire? Te indica hacia dónde corre el viento.

El pluviómetro mide la cantidad de lluvia que cae. Si la tormenta es grande, llueve mucho.

Un termómetro mide la temperatura. La temperatura te indica si algo está caliente o frío.

Es normal si en un día cálido escuchas que tus amigos gritan: "Vamos a andar en bicicleta y a jugar con una bola".

En un día frío, tal vez tu mamá te dice: "Deberías ponerte un gorro en la cabeza".

Si sabes cuál será la temperatura, sabes qué ponerte.

Mira las barras de la gráfica. Cada barra te muestra la temperatura del día.

¿Cuál fue el día más cálido? ¿Cuál fue el día más frío? ¿Cuál fue la temperatura el segundo día de la semana?

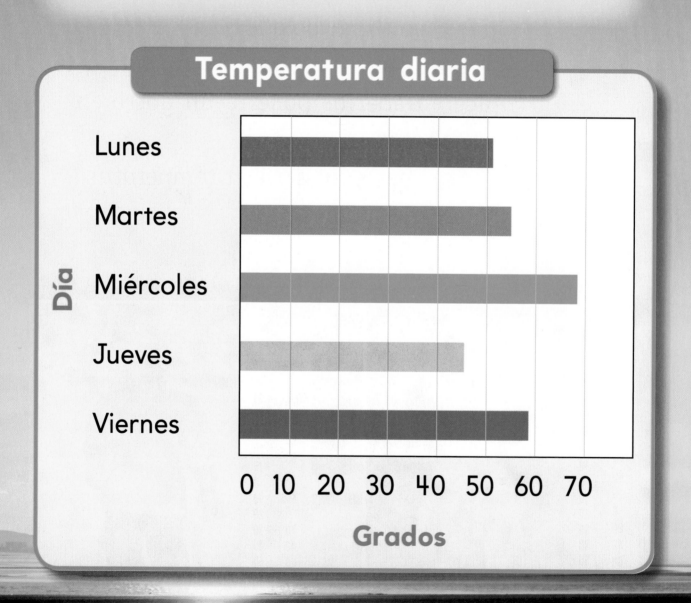

Temperatura diaria

Día

Lunes
Martes
Miércoles
Jueves
Viernes

0 10 20 30 40 50 60 70

Grados

Comparar el texto

Leamos juntos

DE TEXTO A TEXTO

Escribir para describir Piensa en lo que aprendiste en **Medir el tiempo atmosférico**. ¿Cómo estaba el tiempo cuando Sapo y Sepo hicieron volar su cometa? Escribe oraciones para describirlo.

EL TEXTO Y TÚ

Describir el lugar donde vives Haz un dibujo que muestre los diferentes tipos de tiempo atmosférico en tu estado. Explícalo.

EL TEXTO Y EL MUNDO

Comparar cuentos A Sapo y Sepo les gustan las actividades al aire libre. ¿En qué se parece **El jardín**, de la lección 21, a **La cometa**? ¿En qué se diferencian? ¿Cómo actúan los personajes?

Aprende en línea

ESTÁNDARES COMUNES **RL.1.3** describe characters, settings, and major events; **RL.1.9** compare and contrast adventures and experiences of characters

Gramática

Leamos juntos

Aprende en línea

Clases de adjetivos Algunos adjetivos describen el **sabor** o el **olor** de las cosas, su **sonido** o lo que **se siente** al tocarlas.

Sabor	Comimos fresas dulces antes de remontar las cometas.
Olor	El aire olía fresco y limpio.
Sonido	¡Nuestras cometas se elevaron con vibrante zumbido!
Sensación	El viento tibio nos rozaba la cara.

Trabaja con un compañero. Busca el adjetivo de cada oración. Decide si describe el sabor o el olor de algo, su sonido o lo que se siente al tocarlo. Luego usa el adjetivo en una oración nueva.

1. En nuestro día de campo, Sam compartió sus agrios pepinillos.

2. Nuestras cometas volaban en la brisa fresca.

3. Algunos grillos son muy ruidosos con sus chirridos.

4. Las papas fritas estaban muy saladas.

5. ¡Nuestro pastel olía delicioso!

 ## La gramática al escribir

Cuando revises tu escrito, busca lugares donde agregar adjetivos que describan el sabor o el olor de las cosas, su sonido o lo que se siente al tocarlas.

W.1.1 write opinion pieces; **W.1.5** focus on a topic, respond to questions/suggestions from peers, and add details to strengthen writing; **L.1.1j** produce and expand simple and compound declarative, interrogative, imperative, and exclamatory sentences; **L.1.2d** use conventional spelling for words with common spelling patterns and for frequently occurring irregular words

Escritura de opinión

☑ **Elección de palabras** Cuando escribas **oraciones de opinión,** no uses las mismas palabras una y otra vez. Usa palabras diferentes para decir más.

Matt escribió sobre los petirrojos. Después, cambio palabras para que sus ideas fueran más claras.

Borrador revisado

Los tres petirrojos eran mezquinos.
Se reían de Sapo y Sepo.
∧ ~~Hacían cosas mezquinas.~~

Lista de control de la escritura

☑ **Elección de palabras** ¿Agregué adjetivos y otras palabras exactas para que mis ideas fueran claras?

☑ ¿Escribí razones que explicaran mi opinión?

☑ ¿Repetí mi idea principal en la oración final de mi texto?

☑ ¿Escribí las palabras correctamente?

112

¿Qué palabras en la versión final de Matt explican por qué eran mezquinos los petirrojos? Ahora revisa tu escritura usando la lista de control.

Versión final

Los petirrojos mezquinos

Los tres petirrojos del cuento La cometa eran mezquinos.

Se reían de Sapo y Sepo.

Los ruidosos y groseros petirrojos decían que la cometa de Sapo y Sepo era una porquería.

No me gustaría ser amigo de esos petirrojos tan mezquinos.

Leamos juntos

¡Hola, Señor Mosca!
Tedd Arnold

Insectos atareados

atrapar

sentir

escuchar

asombrar

minuto

increíble

idea

amistad

Librito de vocabulario

Las mariposas

Tarjetas de contexto

atrapar
La araña atrapó un insecto en su tela.

ESTÁNDARES COMUNES
RF.1.3g recognize and read irregularly spelled words

Aprende en línea

Palabras que quiero saber

▶ Lee cada **Tarjeta de contexto**.

▶ Describe una ilustración usando una de las palabras en azul.

1   **atrapar**

La araña atrapó un insecto en su tela.

2   **sentir**

Las mariquitas se sienten libres sobre las hojas.

3 escuchar
Escucha cómo zumban las abejas.

4 asombrar
Ella se asombró cuando vio a la araña.

5 minuto
Observé a la araña en su tela durante un minuto.

6 increíble
La belleza de esta mariposa es increíble.

7 idea
Esta es una idea para tu plan o proyecto.

8 amistad
Nuestra amistad es para siempre.

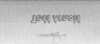

Leer y comprender

✅ **DESTREZA CLAVE**

Comprender a los personajes Recuerda que puedes aprender mucho acerca de los personajes de un cuento a partir de lo que dicen y hacen. Los buenos lectores usan evidencia del texto para descubrir cómo se sienten y por qué actúan de ese modo los personajes. Haz una lista con las claves de los personajes en una tabla.

Palabras	Acciones	Sentimientos

✅ **ESTRATEGIA CLAVE**

Visualizar Para entender una historia, imagina lo que ocurre a medida que lees.

RL.1.3 describe characters, settings, and major events

116

¡Los insectos son increíbles! Los saltamontes pueden brincar por encima de hierba muy alta. Una hormiga puede levantar cargas que superan diez veces su peso. Las mariquitas tienen unas manchas negras que se ven muy bonitas sobre su espalda roja. Las abejas fabrican miel. ¿Cuál es tu clase de insecto preferida?

Leerás acerca de un niño y el insecto que se encuentra en **¡Hola, Señor Mosca!**

Lección 29

TEXTO PRINCIPAL

✓ DESTREZA CLAVE

Comprender a los personajes Habla acerca de las palabras, las acciones y los sentimientos de los personajes.

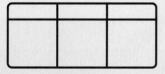

✓ GÉNERO

En un **cuento en capítulos,** la historia se divide en varias partes. Mientras lees, busca:

▶ la palabra **Capítulo** seguida de un número,

▶ los nuevos sucesos que ocurren en el capítulo nuevo.

ESTÁNDARES COMUNES
RL.1.3 describe characters, settings, and major events; **RL.1.4** identify words and phrases that suggest feelings or appeal to senses; **RL.1.7** use illustrations and details to describe characters, setting, or events; **RL.1.10** read prose and poetry

Aprende en línea

Conoce al autor e ilustrador

Tedd Arnold

Tedd Arnold estudió arte en la Universidad de Florida. Ha escrito e ilustrado más de cincuenta libros, muchos de ellos sobre el Señor Mosca. Tedd vive con su esposa, Carol, sus dos hijos, tres gatos y un perro en Elmira, Nueva York.

¡Hola, Señor Mosca!

por Tedd Arnold

Capítulo 1

Una mosca salió a volar.

Buscaba algo que comer...

algo sabroso,

algo viscoso.

ANALIZAR EL TEXTO

Elección de palabras del autor ¿Qué palabra tiene que ver con el gusto? ¿Qué palabra tiene que ver con el tacto?

Un niño salió a caminar.

Buscaba algo que atrapar...

algo con inteligencia,

algo para la Exhibición de

Mascotas Increíbles.

Mosca y niño se encontraron.

El niño atrapó a la mosca en un frasco.

—¡Una mascota! —dijo.

La mosca estaba enfadada.

Quería salir del frasco.

Dio un fuerte pisotón

y dijo: ¡BUZZ!

El niño se asombró.

–¡Sabes mi nombre! –dijo–.

¡Eres la mascota más inteligente

del mundo!

Capítulo 2

Buzz llevó la mosca a casa.

—Miren, esta es mi mascota —les dijo Buzz a mamá y papá.

—Es muy inteligente. Puede decir mi nombre. ¡Escuchen!

Buzz abrió el frasco.

La mosca salió volando.

—¡Las moscas no son mascotas! —dijo el papá—. ¡Son una plaga!

Agarró el matamoscas. La mosca gritó: ¡BUZZ!

Y Buzz fue al rescate de su mosca.

—Tienes razón —dijo el papá—.

¡Esta mosca <u>es</u> inteligente!

—Necesita un nombre —dijo mamá.

Buzz se quedó pensando un minuto.

—Señor Mosca —dijo Buzz.

Y el Señor Mosca dijo: ¡BUZZ!

ANALIZAR EL TEXTO

Comprender a los personajes ¿Qué hace Buzz por el Señor Mosca? ¿Sabe Buzz tratar bien a sus mascotas?

Era la hora del almuerzo.

Buzz le dio al Señor Mosca

algo de comer.

El Señor Mosca se sentía

feliz.

Capítulo 3

Buzz llevó al Señor Mosca a

la Exhibición de Mascotas Increíbles.

Los jueces se rieron.

—¡Las moscas no son mascotas!

—dijeron—. ¡Son una plaga!

133

Buzz se sintió muy triste.

Abrió el frasco.

—Vete, Señor Mosca —dijo—.

Las moscas no son mascotas.

Pero al Señor Mosca le agradaba Buzz.

Entonces se le ocurrió una idea.

Empezó a volar haciendo piruetas.

Los jueces estaban asombrados.

—La mosca hace trucos y piruetas —dijeron—.

Pero las moscas no son mascotas.

Entonces el Señor

Mosca dijo: ¡BUZZ!.

Los jueces se asombraron aún más.

—La mosca sabe el nombre del

niño —dijeron—.

Pero las moscas no son mascotas.

El Señor Mosca voló alto, alto,

alto, ¡hasta el

cielo!

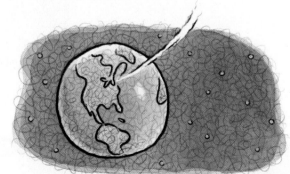

Luego se lanzó en picada, muy bajo, muy bajo, muy bajo, hasta caer dentro del frasco.

—¡La mosca conoce su frasco! —dijeron los jueces—. ¡Esta mosca es una mascota! Y aceptaron que el Señor Mosca se quedara en la exhibición.

Incluso se ganó un premio.

Y fue así como comenzó una **amistad** increíble.

Ahora analiza

Leamos juntos

Cómo analizar el texto

Usa estas páginas para aprender acerca de comprender a los personajes y la elección de palabras del autor. Después vuelve a leer **¡Hola, Señor Mosca!**

Estructura del cuento

Buzz y el Señor Mosca son personajes de **¡Hola, Señor Mosca!** ¿Qué hace Buzz para ayudar al Señor Mosca? ¿Qué hace el Señor Mosca para ayudar a Buzz? Usa las palabras y acciones de los personajes como evidencia del texto para descubrir sus sentimientos. Las ilustraciones también pueden usarse como claves. Haz una tabla con los detalles para ayudarte a describir a los personajes

Palabras	Acciones	Sentimientos

RL.1.3 describe characters, settings, and major events; **RL.1.4** identify words and phrases that suggest feelings or appeal to senses; **RL.1.7** use illustrations and details to describe characters, setting, or events

ESTÁNDARES COMUNES

Aprende en línea

Elección de palabras del autor

Los escritores eligen palabras que te ayudan a saber cómo son, suenan, huelen o saben las cosas, y también lo que se siente al tocarlas. El autor dice que la mosca busca algo **viscoso**. ¿Qué imaginaste al leer la palabra **viscoso**?

¿Qué palabras indican el sonido que hace el Señor Mosca? ¿Qué otras palabras del cuento describen el aspecto de las cosas?

Es tu turno

 mi **Escritura genial**

REPASAR LA PREGUNTA ESENCIAL

Turnarse y comentar

¿Cómo pueden ser útiles los insectos? Habla sobre insectos reales y después  sobre el Señor Mosca. Usa las palabras y las ilustraciones del cuento para explicar cómo cuidó Buzz del Señor Mosca. Luego usa evidencia del texto para describir cómo ayudó el Señor Mosca a Buzz.

💬 Comentar en la clase

Conversa sobre estas preguntas con tu clase.

1 ¿En qué se parece el Señor Mosca a las mascotas que conoces?

2 ¿Cómo sabes que al Señor Mosca le gusta Buzz?

3 ¿Qué crees que harán el Señor Mosca y Buzz a continuación?

ESCRIBE SOBRE LO QUE LEÍSTE

Respuesta Escribe oraciones para explicar por qué crees que el Señor Mosca es una buena mascota. Explica las razones de por qué piensas así. Usa evidencia del texto en el cuento para sacar ideas.

Sugerencia para la escritura

Usa palabas como **porque** o **así** para explicar las razones de tu opinión.

Aprende en línea

ESTÁNDARES COMUNES

RL.1.1 ask and answer questions about key details; **RL.1.7** use illustrations and details to describe characters, setting, or events; **W.1.1** write opinion pieces; **SL.1.4** describe people, places, things, and events with details/express ideas and feelings clearly; **L.1.1g** use frequently occurring conjunctions

POESÍA

Insectos atareados

✓ GÉNERO

La **poesía** usa el sonido de las palabras para describir sentimientos. ¿Qué palabras que riman hacen que los poemas sean divertidos de leer y escuchar?

✓ ENFOQUE EN EL TEXTO

El ritmo es un patrón de compases, igual que el de la música. Aplaude al ritmo de los poemas.

ESTÁNDARES COMUNES

RL.1.10 read prose and poetry; **L.1.6** use words and phrases acquired through conversations, reading and being read to, and responding to texts

Aprende en línea

Insectos atareados

¿Cómo crees que al poeta se le pudo ocurrir la idea de escribir un poema sobre el caracol? Lee cómo el caracol le dice hola al sol.

Caracol, caracol

Caracol, caracol,

saca tus cuernos al sol.

A un caracol

Asoma tu cabeza, pequeño caracol.

Es momento de decir, "¡Buenos días, Sol!".

rima tradicional española

Busca insectos detrás de las piedras, en las hojas o en la hierba. Si el insecto tiene alas, puede desaparecer antes de que sepas lo que va a ocurrir.

La canción de los insectos

Algunos insectos pican

Y algunos insectos brincan.

Algunos zumban para dormir:

Zun-zun, zun-zun, zun-zun.

Esta es la canción de los insectos.

Algunos insectos suben

Más arriba de las nubes

Y en el cielo encienden luces:

la luciérnaga las luce.

Esta es la canción de los insectos.

por Margaret Wise Brown

No hay casi ningún día de lluvia en el que
no veas gusanos. ¡Mira cómo se mueven!

Gusanito

aguadito

dobladito

blandito

suavecito

el bonito

gusanito.

Míralo doblarse.

Míralo apurarse.

Míralo esconderse:

Míralo moverse.

por Mary Ann Hoberman

Escribe sobre los insectos

Escoge un insecto que conozcas. Escríbele un
poema. Usa palabras que rimen.

Comparar el texto

Leamos juntos

DE TEXTO A TEXTO

Escribir un poema Escribe un poema sobre el Señor Mosca similar a los poemas de **Insectos atareados.** Usa palabras para describir la apariencia, el sonido, el olor o el sabor de las cosas, y también para decir cómo se sienten al tocarlas.

EL TEXTO Y TÚ

Escribir un pie de foto Haz un dibujo de tu insecto preferido. Escribe un pie de foto que cuente cómo se mueve.

EL TEXTO Y EL MUNDO

Hablar sobre insectos Di qué clases de insectos hay en tu estado. Usa fuentes que te ayuden a descubrir más sobre ellos. Trabaja con tus compañeros para escribir los datos.

Aprende en línea

ESTÁNDARES COMUNES
RL.1.4 identify words and phrases that suggest feelings or appeal to senses; **W.1.7** participate in shared research and writing projects; **L.1.1f** use frequently occurring adjectives

Gramática

Adverbios Los adverbios son palabras que describen a los verbos. Pueden decir **cómo**, **dónde**, **cuánto** o **cuándo** se hace algo. Muchos adverbios, pero no todos, terminan en **-mente**.

Adverbios	
Cómo	El bote se deslizaba **rápidamente** sobre el agua. Conducían el bote **cuidadosamente**.
Dónde	¡Mi bote estaba **aquí**! Hay muchas hojas **cerca** del lago.
Cuándo	Los insectos se despertaron **temprano** en la mañana. Se durmieron **tarde**.
Cuánto	El viaje duró **poco**. Llenaron la canasta **completamente**.

Trabaja con un compañero. Lee cada oración y busca el adverbio. Decide si dice cómo, dónde, cuándo o cuánto. Luego usa el adverbio en una nueva oración.

1. Nell abrió la canasta del picnic lentamente.

2. ¿Cuándo llegarán allí sus amigos?

3. Fred vino cansado después del viaje.

4. Todos hablaban animadamente.

5. Les gusta mucho salir de excursión.

 La gramática al escribir

Cuando revises tu escrito, identifica lugares donde puedas agregar adverbios.

W.1.1 write opinion pieces; **W.1.5** focus on a topic, respond to questions/suggestions from peers, and add details to strengthen writing

Taller de lectoescritura: Preparación para la escritura

Escritura de opinión

✅ **Ideas** Antes de escribir un **párrafo de opinión**, haz una lista con tu opinión y las razones para esa opinión. Piensa en ejemplos para explicar tus razones.

Tara quería explicar por qué cree que el Señor Mosca es una buena mascota. Como ayuda para hallar buenas razones y ejemplos, buscó nuevamente en **¡Hola, Señor Mosca!**

Explorar un tema

Lista de control de preparación para la escritura

 ¿Hice una lista con mis opiniones?

 ¿Di más de una buena razón?

 ¿Mis ejemplos explican mis razones?

 ¿Escribí mi idea para la oración de cierre?

Lee el plan de Tara. ¿Cuál es su opinión? ¿Cuáles son sus razones? Planea y haz el borrador de tu párrafo. Usa la lista de control.

Tabla de planificación

Mi opinión
Señor Mosca = buena mascota

Primera razón
El Señor Mosca es inteligente

Ejemplos
sabe decir el nombre de Buzz
vuelve volando a su frasco

Segunda razón
ayuda a Buzz

Ejemplo
hace trucos para participar en la exhibición de mascotas

Cierre
El Señor Mosca es una buena mascota y un buen amigo

30

Leamos juntos

Palabras que quiero saber

> Lee cada **Tarjeta de contexto**.

> Usa una palabra en azul para describir algo que hiciste.

✓ **PALABRAS QUE QUIERO SABER**
Palabras de uso frecuente

encantar

jugar

hermano

equipo

solo

persona

lamentar

campo

Librito de vocabulario

Tarjetas de contexto

1 **encantar**

Les encantaba estar en el equipo de fútbol.

2 **equipo**

Nuestro equipo ganó el partido.

ESTÁNDARES COMUNES
RF.1.3f read words with inflectional endings;
RF.1.3g recognize and read irregularly spelled words

 Aprende en línea

3 hermano

Los dos hermanos están en el mismo equipo.

4 campo

El campo quedó mojado después de la lluvia.

5 lamentar

El lamento de la niña era por no poder jugar.

6 solo

Los Reds llevan solo un punto de ventaja.

7 persona

Después del juego, las personas están felices.

8 jugar

El entrenador también jugaba fútbol.

Leer y comprender

Leamos juntos

Aprende en línea

☑ DESTREZA CLAVE

Idea principal y detalles Una lectura trata una idea general, el **tema**. La **idea principal** es la idea más importante sobre el tema. Los **detalles** son datos u otra información que el autor usa para decir más acerca de la idea principal. Los detalles ayudan a aclarar los sucesos y las ideas. Haz una lista con la idea principal y los detalles sobre un tema en una red.

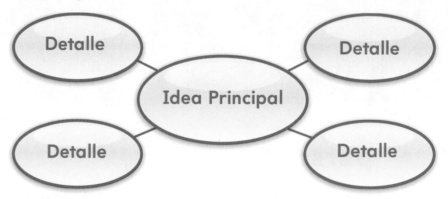

☑ ESTRATEGIA CLAVE

Resumir Mientras lees, detente para repetir los sucesos importantes con tus propias palabras.

RI.1.2 identify the main topic and retell key details; **RI.1.8** identify the reasons an author gives to support points

Los equipos

¿Alguna vez has formado parte de un equipo? Las personas que forman un equipo deben trabajar juntas. En un equipo de fútbol, si uno de los jugadores se queda el balón durante mucho tiempo, es posible que el equipo no gane. Los jugadores deben pasarse el balón. Trabajan en grupo para llevar el balón hasta el otro campo y anotar un gol. Cada uno de ellos es responsable de esforzarse al máximo.

Leerás acerca de lo que ocurre cuando una niña juega en un equipo en **Los ganadores nunca dejan de jugar.**

TEXTO PRINCIPAL

✓ DESTREZA CLAVE

Idea principal y detalles
Di cuál es la idea principal y los detalles importantes sobre un tema.

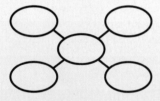

✓ GÉNERO

La **narrativa de no ficción** cuenta una historia real. Mientas lees, busca:

► un entorno real,
► personajes que son personas reales.

  Aprende en línea

Conoce a la autora

Mia Hamm

A los catorce años, Mia Hamm dejó el fútbol americano para jugar al fútbol. Con el tiempo, se convirtió en una de las mejores jugadoras de fútbol de todos los tiempos. Ella sabe ser una buena compañera de equipo.

Conoce a la ilustradora

Carol Thompson

Carol Thompson ha ganado muchos premios por ilustrar libros para niños. También crea tarjetas de felicitación. Vive en Inglaterra con su familia.

Los ganadores nunca dejan de jugar

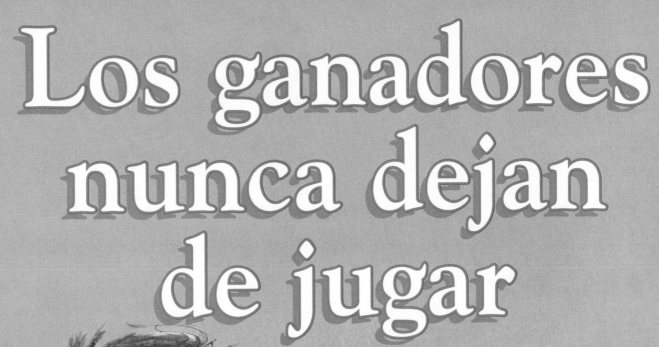

por Mia Hamm
ilustrado por Carol Thompson

PREGUNTA ESENCIAL

¿Por qué es importante trabajar en equipo en la escuela o en los deportes?

A Mia le encantaba el baloncesto.

Y le encantaba el béisbol.

Pero lo que más le gustaba era el fútbol. Jugaba con sus hermanos y hermanas todos los días.

Pas, pas, pas. Sus pies ponían el balón justo
donde ella quería. Luego, *¡plas!*,
pateaba y metía el balón en la portería.

—¡**Goooool!** —gritaban todos los jugadores
de su equipo.

Pero no siempre le iba bien. Un día, por más que lo intentaba, Mia no podía meter un gol.

El balón se desviaba por la izquierda.

O por la derecha.

O su hermana Lola, la portera, lo atrapaba.

Si no hay gol, no hay aplausos.

—Qué lástima, Mia —le dijo su hermano Guille—. ¡Mejor suerte la próxima vez!

Pero Mia no quería esperar hasta la próxima vez. Quería buena suerte *ahora*.

—¡Ya no juego más!

—dijo Mia.

—No puedes dejar de
jugar —le respondió Lola—.
Ya que solo nos quedarían
dos personas en el equipo.

—No seas así, Mia
—Le insistió su hermana
Carolina—. Siempre dejas de
jugar cuando vas perdiendo.

—Sigue jugando, Mia
—le dijo Guille—. Te vas
a divertir.

Pero perder no era divertido. Mia se
fue pataleando de regreso a casa.

ANALIZAR EL TEXTO

Género: Narrativa de no ficción

Esta es una historia real sobre
personas reales. ¿En qué se diferencia
de otras lecturas de no ficción?

—¡Perdedora!

¡Perdedora! —le gritó Lola.
A Mia no le importaba. Prefería
no jugar a perder.

Al día siguiente, Mia salió corriendo, lista para jugar al fútbol. Cuando llegó, el partido ya había comenzado.

—¡Oigan! —gritó—. ¿Por qué no me esperaron?

Guille paró de jugar.

—Lo lamento, Mia —le dijo—. Pero los que
se dan por vencidos no juegan en este equipo.

—Ajá —dijo Lola—. Los malos perdedores no
juegan en mi equipo.

Guille le pasó el balón a Titina.
Martín corrió para recuperarlo.
Titina lo esquivó y disparó el
balón a la portería. Lola lo atrapó.

Mia se quedó a
un lado, mirando.

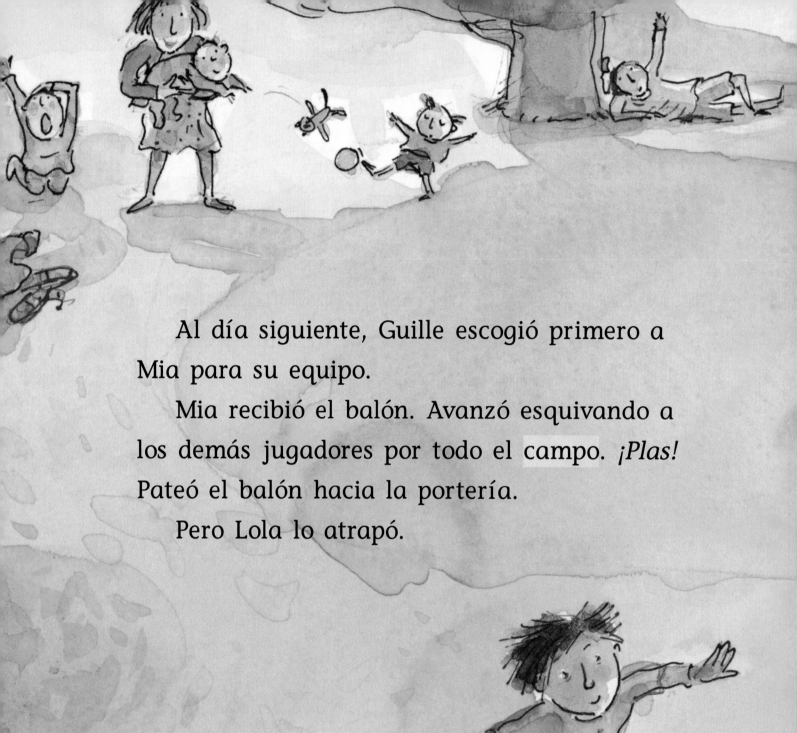

Al día siguiente, Guille escogió primero a
Mia para su equipo.

Mia recibió el balón. Avanzó esquivando a
los demás jugadores por todo el campo. ¡*Plas!*
Pateó el balón hacia la portería.

Pero Lola lo atrapó.

Si no hay gol, no hay aplausos.

—Qué lástima, Mia —le dijo Guille—.
Mejor suerte la próxima vez.

Mia estaba a punto de llorar.

—Se va a dar por vencida —murmuró
Lola—. Yo ya lo *sabía*.

A Mia todavía le dolía perder. Pero no tanto
como para dejar de gustarle el fútbol.

— ¿Lista para jugar? — le preguntó
Guille.

Mia asintió con la cabeza.

Guille le guiñó el ojo. Y le pasó el balón.

Mia recorrió el campo. Pas, pas, pas, con
los pies. El balón se quedó con ella, como un
amigo. Se preparó para patear.

Y Mia pateó lo más fuerte que pudo.

Tal vez haya metido el gol. O tal vez no.

Pero por lo menos estaba jugando.

Y eso era más importante que perder o ganar...

...¡porque los ganadores nunca dejan de jugar!

ANALIZAR EL TEXTO

Idea principal y detalles ¿Cuál es la idea principal de la lectura? ¿Qué hacen los personajes para mostrar cuál es la idea principal?

Ahora analiza

Leamos juntos

Cómo analizar el texto

Usa estas páginas para aprender acerca de la idea principal y detalles, y la narrativa de no ficción. Después vuelve a leer **Los ganadores nunca dejan de jugar.**

Idea principal y detalles

Piensa en el tema, o la idea general, de **Los ganadores nunca dejan de jugar.** ¿Cuál es la **idea principal** sobre el tema que trata la autora? La autora da datos para dar más información sobre la idea principal. ¿Qué detalles te ayudan a saber más acerca de los buenos compañeros de equipo? Indica la idea principal y los detalles en una red.

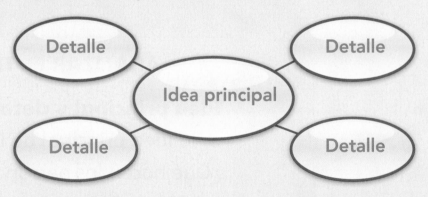

RI.1.2 identify the main topic and retell key details; **RI.1.8** identify the reasons an author gives to support points

ESTÁNDARES COMUNES

Aprende en línea

178

Género: Narrativa de no ficción

Los ganadores nunca dejan de jugar narra los sucesos en la vida de una persona real llamada Mia Hamm. ¡Aquí está! La historia se desarrolla en un entorno real y da información. Cuenta los sucesos en el orden en que sucedieron realmente.

Los datos y sucesos se narran en forma de cuento. ¿Cómo ha conseguido la autora que **Los ganadores nunca dejan de jugar** sea una forma divertida de aprender información real acerca de su vida?

Es tu turno

REPASAR LA PREGUNTA ESENCIAL

Turnarse y comentar

¿Por qué es importante trabajar en equipo en la escuela o en los deportes?

Habla sobre las características de un buen compañero de equipo. Usa evidencia del texto y los detalles que usa la autora del texto para apoyar su idea principal. Túrnense para hablar.

 Comentar en la clase

Conversa sobre estas preguntas con tu clase.

1 ¿Por qué abandona Mia el fútbol? ¿Te has sentido alguna vez como ella? ¿Qué hiciste?

2 ¿Cómo ayuda Guille a Mia?

3 ¿Cómo aprende Mia que es mejor jugar que abandonar?

ESCRIBE SOBRE LO QUE LEÍSTE

Respuesta Escribe oraciones para explicarle a Mia por qué no debería abandonar el fútbol. ¿Qué consejos le puedes dar? ¿Qué evidencias del texto puedes usar? Primero, habla con un compañero sobre tus ideas. Luego usa algunas de las ideas de tu compañero y las tuyas para escribir con claridad.

Sugerencia para la escritura

Trata solo un tema. Agrega detalles para explicar tus ideas.

TEXTO INFORMATIVO

Leamos juntos

Juega en equipo

✓ Género

Un **texto informativo** da datos sobre un tema. Encuentra datos sobre ser parte de un equipo en este texto sobre estudios sociales.

✓ ENFOQUE EN EL TEXTO

Una **lista de control** es una lista de nombres y cosas en los que debes pensar o que debes hacer. ¿Qué aprendiste de la lista de control de la página 184?

RI.1.5 know and use text features to locate facts or information; **RI.1.10** read informational texts

ESTÁNDARES COMUNES

Juega en equipo

¿Te encanta jugar en equipo? Muchas personas juegan y se divierten al entrar en un equipo.

En un equipo participan toda clase de personas. Juegan hermanas y hermanos. También juegan amigos y primos.

Aprende en línea

Hay toda clase de equipos. Algunas personas juegan béisbol o baloncesto. Otras juegan fútbol o balonmano. Las personas pueden jugar en un campo o en una cancha.

No importa la clase de equipo que sea, es importante ser un buen compañero. No lamentes haber perdido un juego. Todos perdemos alguna vez. Solo es importante dar lo mejor de ti mismo y divertirte.

Esta es una lista de control de las cosas que debes recordar cuando juegas en un equipo.

Juega en equipo.

✔ Presta atención al entrenador.

✔ Sigue las reglas.

✔ Da lo mejor de ti.

✔ No abandones el juego.

✔ ¡Diviértete!

Comparar el texto

Leamos juntos

DE TEXTO A TEXTO

Hablar sobre ello ¿Qué debes hacer cuando juegas en un equipo? ¿Se convirtió Mia en una buena jugadora de equipo? Di por qué lo piensas.

EL TEXTO Y TÚ

Escribir un poema Escribe un poema sobre formar parte de un equipo. Usa palabras para hablar de lo que ves, lo que oyes y lo que sientes.

EL TEXTO Y EL MUNDO

Conectar con los Estudios Sociales Di un momento en el que necesitas jugar en equipo. Haz un dibujo para mostrar tu idea. Descríbela con claridad a un compañero.

Aprende en línea

ESTÁNDARES COMUNES **RI.1.2** identify the main topic and retell key details; **SL.1.4** describe people, places, things, and events with details/express ideas and feelings clearly; **SL.1.5** add drawings or visual displays to descriptions to clarify ideas, thoughts, and feelings; **L.1.1f** use frequently occurring adjectives

Gramática

 Leamos juntos

 Aprende en línea

Comparaciones con adjetivos Puedes hacer comparaciones usando adjetivos.

Comparar dos personas o cosas

Usa: más + adjetivo + que

Meg es **más** alta **que** Jon.

Comparar una con relación a los demás

Usa: el/la más + adjetivo + de

Abe es **el más** alto **de** todos.

alto   **más alta que**   **el más alto de**

Completa cada oración con las palabras del recuadro que correspondan. Escribe en una hoja aparte.

pequeño	más pequeño que	el más pequeño de

1. Tenemos un equipo de fútbol muy __?__

2. Nuestro equipo es __?__ la ciudad.

3. El equipo de Brad es __?__ el de Eva.

alto	más alto que	el más alto del

4. Yo soy __?__ Kyla.

5. Rob es __?__ equipo.

 La gramática al escribir

Cuando revises tu escrito, trata de agregar adjetivos que hagan comparaciones.

Taller de lectoescritura: Revisión

Escritura de opinión

☑ **Organización** Un buen **párrafo de opinión** tiene una oración principal que expresa una opinión. Una oración de cierre repite la opinión con palabras nuevas. Tara escribió un borrador de su párrafo de opinión. Dejó sangría en la primera oración. Después agregó una oración de cierre.

Leamos juntos

mi
Escritura genial

Aprende
en línea

Borrador revisado

Buzz se pone contento. ¡Señor Mosca es una buena mascota y un buen amigo!

Lista de control para revisar

 ¿Expresa mi opinión la oración principal?

 ¿Di buenas razones para mi opinión?

 ¿Necesito agregar más ejemplos para explicar mis razones?

 ¿Vuelve a expresar mi opinión la oración de cierre?

¿Qué oración expresa la opinión de Tara? ¿Qué oración la vuelve a expresar? Ahora revisa tu borrador usando la lista de control.

Versión final

Una buena mascota

¡Hola, <u>Señor Mosca!</u> trata de una mascota muy buena que se llama Señor Mosca. Es una mascota inteligente. Sabe decir el nombre de Buzz. También sabe dónde está su casa y vuelve volando a su frasco. Otra razón es que Señor Mosca ayuda a Buzz. Vuela con habilidad y hace piruetas en el aire para participar en la exhibición de mascotas. Le demuestra al jurado que es una mascota y que debe participar en la exhibición. Señor Mosca gana un premio. Buzz se pone contento. ¡Señor Mosca es una buena mascota <u>y</u> un buen amigo!

Lee el cuento y el artículo. Mientras lees, detente y responde cada pregunta. Usa evidencia del texto.

Una buena idea

Catalina estaba en la obra de teatro de la escuela. Estaba feliz. También estaba un poco asustada. Estudió su papel pero no se acordaba de muchos de sus diálogos.

Catalina no quería rendirse, así que le pidió ayuda a su hermano Javier. Él pensó en el papel de Catalina y le dijo: —Sé que aprender una rima me ayuda a acordarme de las cosas.

---

❶ Describe en qué se parecen Catalina y Javier. Usa detalles del cuento.

Catalina y su hermano trabajaron juntos. Inventaron algunas rimas. En poco tiempo Catalina sabía muy bien sus diálogos. Entonces se sintió alegre de estar en la obra de teatro.

—Eres muy buen hermano, Javier. ¡Eres el mejor! —dijo Catalina—. Gracias por ayudarme tanto.

> **2** ¿Cuáles son los sucesos principales que ocurren en el principio, medio y final?

RI.1.3 describe the connection between individuals, events, ideas, or information in a text; **RI.1.7** use illustrations and details to describe key ideas; **RI.1.9** identify similarities in and differences between texts on the same topic

ESTÁNDARES COMUNES

El primer vuelo

Hace mucho tiempo, dos hermanos llamados Wilbur y Orville Wright construyeron un avión. Estaba hecho de madera. Las alas eran de tela. Un hermano volaba en un ala. Tenía las manos sobre los controles. El otro hermano corría al lado del avión y lo sostenía para ayudar a mantenerlo estable.

El avión se elevó. Voló durante doce segundos. Ahora puede no parecerlo, ¡pero en ese momento fue un tiempo récord!

❸   ¿Qué es lo más importante que quieren hacer los hermanos? ¿Cómo se ayudan entre sí?

Después de este primer vuelo, los hermanos fabricaron más aviones. Aprendieron a mejorarlos. Los hermanos Wright ayudaron a las personas a aprender a fabricar y pilotear aviones.

❹   ¿En qué se parecen el cuento y este artículo? ¿En qué se diferencian?

Unidad 6 Palabras de uso frecuente

㉖ El punto

maestro	oso
estudiar	encima
sorpresa	inclusive
devolver	tomar

㉙ ¡Hola, Señor Mosca!

atrapar	minuto
sentir	increíble
escuchar	idea
asombrar	amistad

㉗ ¿Qué puedes hacer?

diferente	alto
cerca	siempre
bastante	cuando
historia	contento

㉚ Los ganadores nunca dejan de jugar

encantar	lamentar
equipo	solo
hermano	persona
campo	jugar

㉘ "La cometa", de *Días con Sapo y Sepo*

segundo	oír
bola	grande
correr	gritar
cabeza	deber

A

algo

Algo se usa para describir cualquier cosa. Yo escucho **algo** y no sé qué es.

atentamente

Atentamente se usa para decir que hacemos algo con cuidado. Tú lees **atentamente** las instrucciones.

B

binoculares

Los **binoculares** se usan para ver algo que está muy lejos. Ellos vieron los pájaros con **binoculares**.

C

capitán

El capitán es el jefe del equipo. El capitán se viste de blanco.

capítulo

Un **capítulo** es cada una de las divisiones de un libro o cuento. Se diferencian porque se tratan temas diferentes o suceden cosas distintas en cada uno de ellos. En este **capítulo** hablaremos acerca de los insectos.

cometa

Una **cometa** es un juguete de papel o tela que se tira de una cuerda y vuela por el aire. Fuimos al parque para remontar nuestra **cometa.**

computadoras

Las **computadoras** son máquinas para aprender y estudiar. Las **computadoras** están en la biblioteca.

D

descubrió

Descubrió se usa para decir que alguien encontró algo oculto. El pirata **descubrió** una isla.

E

elevó

Elevó se usa para decir que levantó una cosa. El globo se **elevó** en el aire.

en blanco

En blanco se usa para decir que no hay nada. El tablero por la mañana está **en blanco.**

esquivando

Esquivando se usa para decir que se evitan los obstáculos. Carlos corre **esquivando** las piedras.

F

flotar

Flotar se usa para decir que está sobre el agua. Primero yo aprendo a **flotar.**

G

garabato

Un **garabato** es un dibujo que nadie entiende. El niño escribió un **garabato.**

L

lástima

Cuando uno siente **lástima**, siente tristeza. La niña sintió mucha **lástima** porque no pudo ir a la fiesta.

M

mejorar

Cuando uno **mejora**, está haciendo las cosas cada vez mejor. Si practicas todos los días, **mejorarás**.

P

perder

Perder es el opuesto de ganar. Practicamos mucho porque no queremos **perder**.

porquería

Una **porquería** es algo que no sirve para nada. Esta cometa es una **porquería**.

portera

La **portera** es la jugadora que defiende la portería de su equipo. Esta **portera** es muy buena, nadie le mete un gol.

prado

Un **prado** es un área cubierta de hierba. Fuimos a jugar en el **prado** al lado del bosque.

prefería

Prefería se usa para decir que algo nos gusta más que otra cosa. Mi hermana **prefería** el helado de coco.

premio

Un **premio** es una recompensa que se da a alguien por algún mérito o trabajo que realizó. Le dieron un **premio** por ser una mascota muy inteligente.

Q

quizás

Quizás se usa para decir que algo puede pasar o no. **Quizás** llueva esta tarde.

R

recta

Recta se usa para decir que una línea es derecha. La calle es una línea **recta**.

rescate

Cuando realizamos un **rescate**, salvamos o liberamos a alguien de algún peligro, trabajo o problema que tenía. Si no fuera por su **rescate**, ahora mismo estaría perdido.

risa

Risa es el ruido que hacemos cuando algo es muy gracioso. El payaso me da **risa**.

S

señor

La palabra **señor** se utiliza delante de los nombres porque es un título que se les da a las personas adultas que son hombres. El **señor** Mosca se portó muy bien con Buzz.

sirve

Sirve se usa para decir que algo se puede utilizar. El pantalón de tu hermano te **sirve.**

T

tormenta

Una **tormenta** ocurre cuando hay rayos y truenos. La **tormenta** me asusta.

V

viscoso

Se utiliza la palabra **viscoso** para referirse a las cosas que son pegajosas. Me gustan mucho los juguetes **viscosos** que se pueden moldear y se pegan a las manos.

Y

ya

Ya se usa para decir ahora. **Ya** llegó el cartero.

Acknowledgments

"Caracol, caracol/To a Snail" from *¡Pío Peep!: Traditional Spanish Nursery Rhymes*, selected by Alma Flor Ada & F. Isabel Campoy. Spanish compilation copyright ©**2003** by Alma Flor Ada & Isabel Campoy. English adaptation copyright ©**2003** by Alice Schertle. Reprinted by permission of HarperCollins Publishers.

Days with Frog and Toad by Arnold Lobel. Copyright ©**1979** by Arnold Lobel. All rights reserved. Reprinted by permission of HarperCollins Children's Books, a division of HarperCollins Publishers.

The Dot by Peter H. Reynolds. Copyright ©**2003** by Peter H. Reynolds. Reprinted by permission of the publisher Candlewick Press Inc. and Pippin Properties, Inc.

Hi! Fly Guy by Tedd Arnold. Copyright ©**2005** by Tedd Arnold, Reprinted by Scholastic Inc. SCHOLASTIC'S Material shall not be published, retransmitted, broadcast, downloaded, modified or adapted (rewritten), manipulated, reproduced or otherwise distributed and/or exploited in any way without the prior written authorization of Scholastic Inc.

"Song of the Bugs" from *Nibble, Nibble* by Margaret Wise Brown. Copyright ©**1959** by William R. Scott, Inc., renewed **1987** by Roberta Brown Rauch. Reprinted by permission of HarperCollins Publishers.

What Can You Do? by Shelley Rotner and Sheila Kelley, with photographs by Shelley Rotner. Coauthor of text and photographs copyright ©**2001** by Shelley Rotner. Coauthor of text copyright ©**2001** by Sheila Kelley. Reprinted by the permission of Millbrook Press, a division of Lerner Publishing Group. Inc. All rights reserved.

Winners Never Quit! by Mia Hamm, illustrated by Carol Thompson. Text and illustrations copyright ©**2004** by Mia Hamm and Byron Preiss Visual Publications, Inc. All rights reserved. Reprinted by permission of HarperCollins Children's Books, a division of HarperCollins Publishers.

"Worm" from *A Little Book of Little Beasts* by Mary Ann Hoberman. Copyright ©**1973,** renewed 2001 by Mary Ann Hoberman. Reprinted by permission of Gina Maccoby Literary Agency.

Credits

Placement Key:

(r) right, (l) left, (c) center, (t) top, (b) bottom, (bg) background

Photo Credits

3 (cl) ©Francis G. Mayer/Corbis; **4** (cl) ©Shelley Rotner, Photographer; **7** (cl) ©Paul Barton/Corbis; Blind [**9**] ©Blend Images/TIPS USA LLC; **10** (br) ©Simon Marcus/Corbis; **10** ©Andreanna Seymore/ Getty Images; **10** ©Francis G. Mayer/Corbis; **11** (cr) ©Mia Foster/PhotoEdit; **11** ©D. Hurst/Alamy Images; **11** ©Darrin Klimek/Digital Vision/Getty Images; **11** ©Howard Grey/Digital Vision/Getty Images; **11** ©Bettmann/Corbis; **12** Dmytro Tolokonov / Alamy; **35** MBI / Alamy; **37** Cultura Creative / Alamy; **38** (b) ©Chain Ring Creative Services, Inc.; **38** ©Francis G. Mayer/Corbis; **39** ©Francis G. Mayer/Corbis; **40** (c) ©Preserve Bottle Village Committee; **40** (bg) ©Preserve Bottle Village Committee; **41** ©Westend**61**/ Getty Images; **41** ©Francis G. Mayer/Corbis; **42** ©Ariel Skelley/Corbis; **46** ©JGI/Jamie Grill/Getty Images; **46** ©Ariel Skelley/Riser/Getty Images; **46** ©Shelley Rotner, Photographer; **47** ©Cassy Cohen/ PhotoEdit; **47** (cr) ©Julie Habel/Corbis; **47** ©Tony Anderson/Taxi/Getty Images; **47** ©Cindy Charles/ PhotoEdit; **47** ©Ariel Skelley/Blend Images/Getty Images; **47** ©Corbis; **49** LAWRENCE MIGDALE/ Getty Images; **50** (tr) ©Shelley Rotner, Photographer; **50** (tl) ©Shelley Rotner, Photographer; **70** (tl) ©Shelley Rotner, Photographer; **71** Steve Hamblin / Alamy; **73** (tr) ©Shelley Rotner, Photographer; **77** (b) © VStock / Alamy; **77** ©Getty Images; **77** Getty Images Royalty Free; **77** ©Stockbyte/Getty Images; **77** ©Shelley Rotner, Photographer; **78** ©Ken Chernus/Taxi/Getty Center; **79** ©Janine Wiedel Photolibrary/Alamy Images; **82** ©imac/Alamy Images; **82** ©Tom Stewart/Corbis; **83** ©Mary Kate Denny/Getty Images; **83** ©Mary Kate Denny/Getty Images; **83** (tl) ©Blend Images/Alamy Images; **83** (bl) ©Ariel Skelley/Blend Images/Getty Images; **83** (cr) ©Ken Redding/Corbis; **83** (cl) ©Radius Images/Alamy Images; **84** © Ariel Skelley/Getty Images; **103** © BYphoto / Alamy; **106** ©Ruediger Knobloch/ Corbis; **107** (br) ©Ariel Skelley/Getty Images; **107** (b) ©Brand X Pictures/Superstock; **109** (cr) ©Alex Cao/ Getty Images; **114** ©Carlos Davila/Alamy; **114** (cr) ©DB Ronald Wittek/Corbis; **115** Jupiterimages/Getty Images; **115** © Blend Images/Alamy; **115** Michael knowles / Alamy; **115** Getty Images/Digital Vision; **116** © Eric Gevaert / Alamy; **143** Dorling Kindersley/